Estaciones de la Cruz
con
Nuestra Hermana Santa Teresita

⚜

Stations of the Cross
with
Our Sister Saint Thérèse

By the Author

Something New with St. Thérèse:
Her Eucharistic Miracle

Being Catholic:
What Every Catholic Should Know

The Paradise Project

Homeschooling with Gentleness

A Little Way of Homeschooling

✣

Edited by the Author

Selected Sermons of
Thomas Aquinas McGovern, S. J.

Estaciones de la Cruz
con
Nuestra Hermana
Santa Teresita

🌹

Stations of the Cross
with
Our Sister
Saint Thérèse

Suzie Andres

Little Way
BOOKS

Copyright/Derechos de autor © 2020 Suzie Andrés

Printed in the United States of America. All rights reserved. / Impreso en los Estados Unidos de América, todos los derechos reservados.

Traducido por Luz Maria Truqui

Cover design by / Diseño de la portada por Miriam Schroder

Interior design by / Diseño de página por Nora Malone

Cover image: Therese as novice in white mantle, Carmel of Lisieux, January 1889 (age 16) / Imagen de la Portada: Santa Teresita como novicia con un manto blanco, en el Carmelo de Lisieux, enero de 1889 (edad 16 años)

Interior images / Imágenes interiores

Station images courtesy of / Imágenes de las Estaciones por cortesía de CCWatershed.org.

Holy Face of the Carmel of Lisieux (after the Shroud of Turin), 1905, by Céline Martin, Sister Génevieve of the Holy Face and St. Thérèse. / Santa Faz del Carmelo de Lisieux (inspirado en la Sábana Santa), 1905, por Céline Martin.

Christ Crucified, by Diego Velázquez, c. 1632, image courtesy of Wikimedia Commons, public domain. / *Cristo Crucificado*, por Diego de Velázquez, c. 1632, imagen por cortesía de Wikimedia Commons, de dominio público.

ISBN 978-1-7347093-3-9

For Paul and Finn

*"Courage! It is I!
Do not be afraid."
(Mt 14:27)*

✺

Para Paul y Finn

*"¡Ánimo! ¡Soy Yo!
No tengáis miedo."
(Mt 14,27)*

"The pious exercise of the Way of the Cross represents the sorrowful journey that Jesus Christ made with the cross on His shoulders, to die on Calvary for the love of us. We should, therefore, practice this devotion with the greatest possible fervor, placing ourselves in spirit beside our Savior as He walked this sorrowful way, uniting our tears with His, and offering to Him both our compassion and our gratitude."

—St. Alphonsus de Ligouri

※

"El ejercicio piadoso del Via Crucis representa el doloroso camino que Jesús recorrió con la Cruz sobre sus hombros, para morir en el Calvario por amor a nosotros. Debemos, por lo tanto, practicar esta devoción con el mayor fervor posible, colocándonos espiritualmente al lado de nuestro Salvador mientras caminaba este doloroso camino, uniendo nuestras lágrimas a las Suyas y ofreciéndole nuestra compasión y nuestra gratitud".

—San Alfonso María de Ligorio

Contents

Opening Prayers 2

Oraciones iniciales 3

Prayer before a Crucifix 66

Oración delante de un crucifijo 67

Act of Oblation to Merciful Love 68

Acto de Ofrenda al Amor Misericordioso 72

A Note on Indulgences 77

Una nota sobre las indulgencias 80

A Note on Special Plenary Indulgences in
    the Time of Coronavirus 83

Una nota sobre las Indulgencias Plenarias
    especiales concedidas en el tiempo del Coronavirus . . . 88

Guardian Angel Prayer
    (When Unable to Assist at Holy Mass) 94

Oración al Ángel de la Guarda
    (Cuando no se puede asistir a la Santa Misa) 95

"May your soul, may your heart, may everything about you be filled with candour in your relations with Jesus."

—Servant of God Marcel Van,
spiritual little brother of St. Thérèse

✿

"Que tu alma, tu corazón, que todo en ti esté lleno de candor en tus relaciones con Jesús".

—Siervo de Dios Marcel Van, pequeño hermano espiritual de Santa Teresita

Estaciones de la Cruz
con
Nuestra Hermana Santa Teresita

✤

Stations of the Cross
with
Our Sister Saint Thérèse

Opening Prayers

Jesus, adorable even in Your bitter Passion, we desire with Saint Thérèse to love You and make You loved. Send Your Holy Spirit to enlighten our minds and enflame our hearts as we walk with You along this little way of the Cross.

Blessed Mother, you were the first to accompany Your Son, the sweet Spouse of our souls, along the way of the Cross. Wrap us in your mantle and accompany us on this journey today and always.

Guardian angel, you never leave my side. Help me to know and remember the infinitely tender love with which Jesus suffered and died for me. Amen.

Oraciones iniciales

Jesús, adorable aun en tu amarga Pasión, deseamos, con Santa Teresita, amarte y hacerte amar. Envía tu Santo Espíritu, para que ilumine nuestras mentes e inflame nuestros corazones mientras caminamos Contigo este Via Crucis.

Santísima Madre, tú fuiste la primera en acompañar a tu Hijo, el dulce Esposo de nuestras almas, en su camino hacia la Cruz. Envuélvenos en tu manto y acompáñanos en nuestro caminar hoy y siempre.

Ángel de mi guarda, tú nunca te separas de mí. Ayúdame a conocer y recordar el amor infinito y tierno con el cual Jesús sufrió y murió por mí. Amén.

I

JESUS IS CONDEMNED TO DEATH

JESÚS ES CONDENADO A MUERTE

"They shouted all the louder, 'Crucify Him!' So Pilate, anxious to placate the crowd ... having ordered Jesus to be scourged, handed Him over to be crucified." (Mk 15:15)

✠

"Ellos otra vez gritaron: ¡Crucifícale! Pero Pilato les dijo: ¿Pues qué mal ha hecho? Y ellos gritaron más fuerte: ¡Crucifícale! Pilato, queriendo dar satisfacción a la plebe, les soltó a Barrabás; y a Jesús, después de haberle azotado, le entregó para que le crucificasen". (Mc 15,13-15)

We adore Thee, O Christ, and we bless Thee,
Because by Thy Holy Cross, Thou hast redeemed the world.

From St. Thérèse

"O Jesus! When Thou wast a wayfarer upon earth, Thou didst say, 'Learn of Me, for I am Meek and Humble of Heart, and you shall find rest for your souls.'"

"I've never acted like Pilate, who refused to listen to the truth. I've always said to God: O my God, I really want to listen to You; I beg You to answer me when I say humbly: What is truth? Make me see things as they really are. Let nothing cause me to be deceived."

"It is a great trial to see only the dark side of things.... Do what you can to detach your heart from earthly cares ... then feel certain that Jesus will do the rest."

Our Father...

Te adoramos, Oh Cristo y te bendecimos;
que, por tu Santa Cruz, redimiste al mundo.

De Santa Teresita

"¡Oh Jesús! Cuando fuiste un caminante sobre la tierra, Tú dijiste: 'Aprended de mí, que soy manso y humilde de corazón, y hallaréis descanso para vuestras almas'".

"Nunca he actuado como Pilato, quien rehusó escuchar la verdad. Siempre he dicho a Dios: Oh mi Dios, de corazón quiero escucharte; te imploro que me respondas cuando humildemente te digo: ¿Qué es la verdad? Hazme ver las cosas como verdaderamente son. Jamás permitas que sea engañada".

"Es una gran prueba el ver únicamente el lado obscuro de las cosas … Haz lo que puedas para desprender tu corazón de los cosas terrenales … entonces, ten la seguridad de que Jesús hará el resto …"

Padre Nuestro …

II

JESUS CARRIES HIS HEAVY CROSS FOR US

JESÚS CARGA SU PESADA CRUZ POR NOSOTROS

"And when they had mocked Him, they stripped Him of the purple cloak, dressed Him in His own clothes, and led Him out to crucify Him ... and He went out, bearing His own cross." (Mk 15:20; Jn 19:17)

✢

"Después de haberse burlado de Él, le quitaron la púrpura y le vistieron sus propios vestidos. Le sacaron para crucificarle ... llevando su cruz". (Mc 15,20; Jn 19,17)

We adore Thee, O Christ, and we bless Thee,
Because by Thy Holy Cross, Thou hast redeemed the world.

From St. Thérèse

"Since Jesus has gone back to Heaven I can follow Him only by the path He has traced. How luminous are His footprints—diffusing a divine sweetness."

"What is our humiliation at the moment is our glory later on, even in this life."

"Yes, Jesus is there with His cross! Privileged one of His love, He wills to make you like Him! Why be frightened at not being able to carry this cross without weakening?"

Hail Mary…

Te adoramos, Oh Cristo y te bendecimos;
que, por tu Santa Cruz, redimiste al mundo.

De Santa Teresita

"Puesto que Jesús ha regresado al Cielo, yo sólo puedo seguirlo por el camino que Él ha trazado. ¡Qué luminosas son Sus huellas!—difunden una dulzura divina".

"Lo que en el momento presente es nuestra humillación, será nuestra Gloria después, y también en esta vida".

"¡Sí, Jesús está allí con su Cruz! ¡Privilegiado de Su amor, Él desea hacerte como Él! ¿Por qué temes que no podrás llevar esa cruz sin debilitarte?"

Ave María …

III

JESUS FALLS FOR THE FIRST TIME

JESÚS CAE POR PRIMERA VEZ

"I looked around, but there was no one to help … no one to sustain me." (Is 63:5)

※

"Miré y no había quien me ayudara … quien me apoyase". (Is 63,5)

We adore Thee, O Christ, and we bless Thee,
Because by Thy Holy Cross, Thou hast redeemed the world.

From St. Thérèse

"What does it matter, my Jesus, if I fall at each moment; I see my weakness through this and this is a great gain for me."

"Since our Well-Beloved has *trodden the wine press alone* (Is 63:3)—the wine which He gives us to drink—in our turn let us not refuse to wear garments dyed with blood, let us press out for Jesus a new wine which may slake His thirst, and *looking around Him* He will no longer be able to say that He is alone; we shall be there *to help*."

"My Beloved, Your example invites me to humble myself, to scorn honors. To delight You I want to stay little. In forgetting myself, I'll charm Your Heart."

Glory Be...

Te adoramos, Oh Cristo y te bendecimos;
que, por tu Santa Cruz, redimiste al mundo.

De Santa Teresita

"Qué importa, mi Jesús, si caigo a cada momento; así veo mi debilidad, y esto es de gran provecho para mí".

"Puesto que nuestro Bien-Amado ha pisado el lagar Él solo (Is 63,3)—el vino que nos da a beber—no rehusemos usar ropas teñidas de sangre, aplastemos para Jesús un vino nuevo que sacie su sed, y mirando a su alrededor Él no podrá decir más que está solo; estaremos allí para ayudarle".

"Amado mío, Tu ejemplo me invita a humillarme, a despreciar los honores. Para deleitarte quiero permanecer pequeña. Al olvidarme de mí misma, encantaré tu Corazón".

Gloria ...

IV

JESUS MEETS HIS AFFLICTED MOTHER

JESÚS ENCUENTRA A SU MADRE

"Simeon blessed them and said to Mary, His Mother, 'This child is destined to be a sign of contradiction, and thy own heart a sword shall pierce.'" (Lk 2:34-35)

"Simeón los bendijo y dijo a María, su madre: Puesto está para caída y levantamiento de muchos en Israel y para signo de contradicción; y una espada atravesará tu alma para que se descubran los pensamientos de muchos corazones". (Lc 2,34-35)

We adore Thee, O Christ, and we bless Thee,
Because by Thy Holy Cross, Thou hast redeemed the world.

From St. Thérèse

"During this sorrowful exile, O my beloved Mother, I want to live with you … then follow you to Heaven someday."

"The Blessed Virgin never fails to protect me as soon as I invoke her. In my troubles and anxieties I very quickly invoke her and, like the most tender of mothers, she always takes care of my interests. Try it, and you'll see."

"Not being able to bear it any longer, I asked the Blessed Virgin to take my head in her hands and support it."

Our Father …

Te adoramos, Oh Cristo y te bendecimos;
que, por tu Santa Cruz, redimiste al mundo.

De Santa Teresita

"Durante este exilio doloroso, Oh mi amada Madre, quiero vivir contigo … despues, te seguiré al Cielo algún día".

"La Santísima Virgen nuca me falla, y siempre me protege en cuanto la invoco. En mis problemas y ansiedades rápidamente la invoco y, como la más tierna de las madres, siempre cuida de mis intereses. Prueba y lo verás".

"No pudiendo soportarlo más, pedí a la Santísima Virgen que tomara mi cabeza en sus manos y la sostuviera".

Padre Nuestro …

V

SIMON OF CYRENE HELPS JESUS CARRY HIS CROSS

SIMÓN DE CIRENE AYUDA A JESÚS A LLEVAR SU CRUZ

"And they compelled a passer-by . . .
to carry His cross." (Mk 15:21)

"Y requisaron a un transeúnte . . . para
que tomara la cruz". (Mc 15,21)

We adore Thee, O Christ, and we bless Thee,
Because by Thy Holy Cross, Thou hast redeemed the world.

From St. Thérèse

"Jesus gives me at every moment what I am able to bear and nothing more, and if in the next moment He increases my suffering, He also increases my strength."

"If we can say that our sacrifices are like locks of hair that captivate the heart of Christ, we must likewise say that our joys affect Him in a like manner."

"We must serve our Lord; sow what is good around us without worrying about its growth. For us the labors; for Jesus, success!"

Hail Mary...

Te adoramos, Oh Cristo y te bendecimos;
que, por tu Santa Cruz, redimiste al mundo.

De Santa Teresita

"Jesús me da a cada momento lo que puedo soportar y nada más, y si en el momento siguiente Él aumenta mi sufrimiento, también aumenta mi fortaleza".

"Si podemos decir que nuestros sufrimientos son como caireles que cautivan el Corazón de Cristo, debemos también decir que nuestros gozos le conquistan de igual manera".

"Debemos servir a nuestro Señor; plantar lo que es bueno a nuestro alrededor sin preocuparnos de su crecimiento. Para nosotros las labores; ¡para Jesús, el éxito!"

Ave María…

VI

VERONICA WIPES THE FACE OF JESUS

LA VERÓNICA ENJUGA EL ROSTRO DE JESÚS

"He had no form or comeliness that we should look at Him, and no beauty that we should desire Him." (Is 53:2)

꽃

"No hay en él parecer, no hay hermosura para que le miremos, ni apariencia para que en él nos complazcamos". (Is 53,2)

We adore Thee, O Christ, and we bless Thee,
Because by Thy Holy Cross, Thou hast redeemed the world.

From St. Thérèse

"My love discovers the charms of Your Face adorned with tears. I smile through my own tears when I contemplate Your sorrows.... Your beauty, which You know how to veil, discloses for me all its mystery.... Leave in me the Divine impress of Your Features filled with sweetness."

"Be another Veronica who wipes away the blood and tears of Jesus, her only Beloved."

"O Adorable Face of Jesus, the only Beauty that captivates my heart, deign to imprint in me Your Divine Likeness so that You may not behold the soul of Your little bride without seeing Yourself in her."

Glory Be...

Te adoramos, Oh Cristo y te bendecimos;
que, por tu Santa Cruz, redimiste al mundo.

De Santa Teresita

"Mi amor descubre los encantos de tu Faz adornada con lágrimas. Sonrío a través de mis propias lágrimas cuando contemplo tus dolores.... Tu belleza, que sabes cómo esconder, me revela todo su misterio.... Déjame la impresión Divina de tus facciones llenas de dulzura".

"Sé otra Verónica que enjuga la sangre y las lágrimas de Jesús, su único Amado".

"¡Oh Faz adorable de Jesús, única hermosura que cautiva mi corazón!, dígnate imprimir en mí Tu divina semejanza, para que no puedas mirar el alma de tu pequeña esposa sin contemplarte a ti mismo en ella".

Gloria ...

VII

JESUS FALLS THE SECOND TIME

JESÚS CAE POR SEGUNDA VEZ

"I was pushed hard, so that I was falling, but the Lord helped me." (Ps 118:13)

�֎

"Fui fuertemente empujado para que cayera, pero el Señor fue mi auxilio". (Salmo 118,13)

We adore Thee, O Christ, and we bless Thee,
Because by Thy Holy Cross, Thou hast redeemed the world.

From St. Thérèse

"Would you want to refuse to fall a hundred times, if that were necessary to prove your love for Him, rising each time with greater strength than before your fall?"

"To be little is not to become discouraged over one's faults, for children fall often, but they are too little to hurt themselves much."

"I will have the right of doing stupid things up until my death, if I am humble and if I remain little. Look at little children: they never stop breaking things, tearing things, falling down. When I fall in this way, it makes me realize my nothingness more."

Our Father ...

Te adoramos, Oh Cristo y te bendecimos;
que, por tu Santa Cruz, redimiste al mundo.

De Santa Teresita

"¿Te gustaría rehusar caer cien veces, si eso fuese necesario para probar tu amor por Él, levantándote cada vez con mayor fortaleza que antes de tu caída?

"Ser pequeño no es desalentarse por las propias faltas, porque los niños se caen frecuentemente, pero son demasiado pequeños para lastimarse mucho".

"Tendré derecho de hacer cosas tontas hasta el momento mi muerte, si soy humilde y si permanezco pequeña. Mira a los pequeñitos: nunca dejan de romper cosas, de rasgar otras y se caen constantemente. Del mismo modo, cuando yo caigo, esto me ayuda a darme cuenta, aún más, de mi nada".

Padre Nuestro …

VIII

JESUS MEETS THE WOMEN OF JERUSALEM

JESÚS ENCUENTRA A LAS MUJERES DE JERUSALÉN

"And there followed Him a great multitude, including many women who mourned and lamented Him." (Lk 23:27)

✣

"Le seguía una gran muchedumbre del pueblo y de mujeres, que se herían y lamentaban por Él". (Lc 23,27)

We adore Thee, O Christ, and we bless Thee,
Because by Thy Holy Cross, Thou hast redeemed the world.

From St. Thérèse

"Jesus bears our imperfections patiently; He does not like teaching us everything at once, but normally enlightens us a little at a time."

"Every moment He is guiding and inspiring me. Most often it is not at prayer, but while I go about my day."

"Women, how they are misunderstood! And yet … during the Passion of Our Lord, women had more courage than the Apostles since they braved the insults of the soldiers and dared to dry the adorable Face of Jesus. It is undoubtedly because of this that He allows misunderstanding to be their lot on earth, since He chose it for Himself."

Hail Mary …

Te adoramos, Oh Cristo y te bendecimos;
que, por tu Santa Cruz, redimiste al mundo.

De Santa Teresita

"Jesús soporta nuestras imperfecciones pacientemente; No le gusta enseñarnos todo al mismo tiempo, y normalmente nos ilumina poco a poco".

"Cada momento Él me guía y me inspira. Frecuentemente no durante la oración, sino mientras realizo mis trabajos cotidianos".

"¡Las mujeres son tan mal entendidas! Y sin embargo… durante la Pasión de Nuestro Señor, las mujeres tuvieron más valor que los Apóstoles, puesto que soportaron los insultos de los soldados y se atrevieron a enjugar la faz adorable de Jesús. Es indudable que por esta razón Él permite estos malos entendidos en la tierra, ya que Él los eligió para sí mismo".

Ave María…

IX

JESUS FALLS A THIRD TIME

JESÚS CAE POR TERCERA VEZ

"He raises the poor from the dust, and lifts the needy from the ash heap." (Ps 113:7)

"Él levanta del polvo al desvalido, y alza del muladar al necesitado". (Salmo 113,7)

We adore Thee, O Christ, and we bless Thee,
Because by Thy Holy Cross, Thou hast redeemed the world.

From St. Thérèse

"Why fear that you might not be able to carry that cross without growing weak? Didn't Jesus fall three times on His way to Calvary? And you, poor little child, should you not resemble your Bridegroom?"

"To suffer our imperfections with patience is true sanctity, the source of peace."

"Yes, I'm like a tired and harassed traveler, who reaches the end of his journey and falls over. Yes, but I'll be falling into God's arms!"

Glory Be...

Te adoramos, Oh Cristo y te bendecimos;
que, por tu Santa Cruz, redimiste al mundo.

De Santa Teresita

"¿Por qué temes que no podrás llevar esa cruz sin debilitarte? ¿No cayó Jesús tres veces en su camino al Calvario? Y tú, pobre pequeñita, ¿no deberías asemejarte a tu Esposo?"

"Soportar nuestras imperfecciones con paciencia es la verdadera santidad, la fuente de la paz".

"Sí, soy como un viajero cansado y asediado que llega al final de su viaje y se derrumba. ¡Sí, pero me derrumbaré en los brazos de Dios!"

Gloria …

X

JESUS IS STRIPPED

JESÚS ES DESPOJADO DE SUS VESTIDURAS

"He was oppressed, and He was afflicted, yet He opened not His mouth; like a lamb that is led to the slaughter, and like a sheep that before its shearers is dumb, so He opened not His mouth." (Is 53:7)

"Maltratado, más él se sometió, no abrió la boca, como cordero llevado al matadero, como oveja muda ante los trasquiladores". (Is 53,7)

We adore Thee, O Christ, and we bless Thee,
Because by Thy Holy Cross, Thou hast redeemed the world.

From St. Thérèse

"Whenever I find myself faced with the prospect of an attack by the enemy, I am most courageous; I turn my back on him, without so much as looking at him, and run to Jesus."

"In one instant Jesus accomplished what I had been unable to do for several years, having been content, on my part, with my good will, which had never been wanting."

"What pleases the good God in my little soul is to see me love my littleness and my poverty, it is seeing the blind trust that I have in His mercy."

Our Father…

Te adoramos, Oh Cristo y te bendecimos;
que, por tu Santa Cruz, redimiste al mundo.

De Santa Teresita

"Cuando me encuentro ante la perspectiva de un ataque del enemigo soy más valiente; le doy la espalda, sin más que una mirada y corro hacia Jesús".

"En un instante Jesús logró lo que yo no había podido hacer en varios años, pues me contentaba con la buena voluntad, que nunca me había faltado".

"Lo que agrada al buen Dios de mi pequeña alma es el verme amar mi pequeñez y mi pobreza, es mirar la confianza ciega que tengo un Su Misericordia".

Padre Nuestro ...

XI

JESUS IS NAILED TO THE CROSS

JESÚS ES CLAVADO EN LA CRUZ

"A pack of evildoers encircles me. They have pierced my hands and feet; I can count all my bones while they stare at me and gloat." (Ps 22:16-17)

"Me rodean como perros, me cerca una turba de malvados; han taladrado mis manos y mis pies. Y puedo contar todos mis huesos. Ellos me miran y contemplan". (Salmo 22,16-17)

We adore Thee, O Christ, and we bless Thee,
Because by Thy Holy Cross, Thou hast redeemed the world.

From St. Thérèse

"He puts Himself at our mercy. He does not want to accept anything from us unless we give it with a good heart. He stretches out His hand to us to receive a little love. He cries, 'I thirst.'"

"He alone disposes the events of our life of exile.... It is the hand of Jesus that guides everything."

"It had been the sight of His Blood flowing from one of these very Wounds that had given me my thirst for souls."

Hail Mary...

Te adoramos, Oh Cristo y te bendecimos;
que, por tu Santa Cruz, redimiste al mundo.

De Santa Teresita

"Él depende de nuestra misericordia. No quiere aceptar nada de nosotros, a menos de que se lo demos con un buen corazón. Nos extiende su mano para recibir un poco de amor. Exclama: 'tengo sed'".

"Solamente Él dispone los eventos de nuestra vida de exilio…. Es la mano de Jesús la que guía todo".

"Fue la contemplación de Su Sangre fluyendo de una de estas mismas Llagas la que me dio la sed por las almas".

Ave María…

XII

JESUS DIES FOR US

JESÚS MUERE POR NOSOTROS

"Father, into Thy hands
I commend my spirit." (Lk 23:46)

"Padre, en tus manos encomiendo
mi espíritu". (Lc 23,46)

We adore Thee, O Christ, and we bless Thee,
Because by Thy Holy Cross, Thou hast redeemed the world.

From St. Thérèse

"Jesus has for us a love so incomprehensible, so delicate, that He does not want to do anything without associating us with Him. He wants us to participate with Him in the work of saving souls."

"Look at His adorable Face. Look at His glazed and sunken eyes. Look at His wounds. Look Jesus in the Face. There you will see how He loves us."

"At the moment when He expired, Jesus gave to His Father the greatest proof of love that was possible."

Glory Be ...

Te adoramos, Oh Cristo y te bendecimos;
que, por tu Santa Cruz, redimiste al mundo.

De Santa Teresita

"Jesús tiene por nosotros un amor tan incomprensible, tan delicado, que no quiere hacer nada sin asociarnos con Él. Él quiere que participemos con Él en el trabajo de salvar almas".

"Mira Su adorable faz. Mira sus ojos transparentes y hundidos. Observa Sus llagas. Mira a Jesús a la cara. Allí verás cuánto nos ama".

"En el momento en que expiró, Jesús le dio a Su Padre la más grande prueba de amor posible".

Gloria ...

XIII

JESUS IS TAKEN DOWN FROM THE CROSS AND PLACED IN HIS MOTHER'S ARMS

JESÚS ES BAJADO DE LA CRUZ Y COLOCADO EN LOS BRAZOS DE SU MADRE

"One of the soldiers pierced His side with a lance, and immediately there came out blood and water." (Jn 19:34)

✣

"Uno de los soldados le atravesó con su lanza el costado, y al instante salió sangre y agua". (Jn 19,34)

We adore Thee, O Christ, and we bless Thee,
Because by Thy Holy Cross, Thou hast redeemed the world.

From St. Thérèse

"The Blessed Virgin Mary held her dead Jesus on her knees, and He was disfigured and covered with blood! Ah, I don't know how she stood it!"

"I felt entirely hidden under the Blessed Mother's veil."

"You came to smile at me in the morning of my life; come and smile at me again, Mother, now that it is eventide."

Our Father...

Te adoramos, Oh Cristo y te bendecimos;
que, por tu Santa Cruz, redimiste al mundo.

De Santa Teresita

"La Santísima Virgen María sostuvo a su Jesús muerto sobre sus rodillas, ¡y Él estaba desfigurado y cubierto con sangre! ¡Ah, no sé cómo pudo soportarlo!"

"Me sentí completamente escondida bajo el velo de la Santísima Madre".

"Viniste a sonreírme en el amanecer de mi vida; ven y sonríeme de nuevo, Madre, ahora que es el atardecer".

Padre Nuestro ...

XIV

JESUS IS LAID IN THE TOMB

JESÚS ES COLOCADO EN EL SEPULCRO

*"And Joseph wrapped Him in a
linen cloth and laid Him in a
rock hewn tomb." (Lk 23:53)*

*"But on the first day of the week, they came
to the tomb.... But they did not find the
body of the Lord Jesus." (Lk 24:1,3)*

*"Y José le envolvió en una sábana
y le depositó en un monumento
cavado en la roca". (Lc 23,53)*

*"Pero el primer día de la semana, vinieron
al monumento … y entrando, no hallaron
el cuerpo del Señor Jesús". (Lc 24,1-3)*

We adore Thee, O Christ, and we bless Thee,
Because by Thy Holy Cross, Thou hast redeemed the world.

From St. Thérèse

"Jesus has chosen to show me the only way which leads to the Divine Furnace of love; it is the way of childlike self-surrender, the way of a child who sleeps, afraid of nothing, in its father's arms."

"Coming into this land of exile, You willed to suffer and to die in order to draw souls to the bosom of the Eternal Fire of the Blessed Trinity. Ascending once again to the Inaccessible Light, henceforth Your abode, You remain still in this valley of tears hidden beneath the appearances of a white Host."

"How little we know of the goodness and merciful love of Jesus."

For the intentions of the Holy Father: Our Father, Hail Mary, Glory Be.

Te adoramos, Oh Cristo y te bendecimos;
que, por tu Santa Cruz, redimiste al mundo.

De Santa Teresita

"Jesús ha querido enseñarme el único camino que guía hacia el Divino Horno del amor; es el camino de la propia entrega, como la de un niño: el camino de un niño que duerme, sin temer nada, en los brazos de su padre".

"Al venir a esta tierra del exilio, quisiste sufrir y morir para llevar almas al seno del Fuego Eterno de la Santísima Trinidad. Ascendiendo nuevamente a la Luz Inaccesible, ahora Tu morada, permaneces aun en este valle de lágrimas, escondido bajo las apariencias de una hostia blanca".

"Qué poco sabemos de la bondad y del amor misericordioso de Jesús".

Por las intenciones del Santo Padre: Padre Nuestro, Ave María y Gloria.

All those who were there and who saw what took place said: 'Truly this was the Son of God.'" (Mt 27:54)

"El centurión y los que con él guardaban a Jesús, viendo el terremoto y cuanto había sucedido, temieron sobremanera y se decían: Verdaderamente, éste era el Hijo de Dios". (Mt 27,54)

From St. Thérèse

"Your Face, O my sweet Savior, is the divine bouquet of myrrh I want to keep on my heart."

Prayer to the Holy Face

O Jesus, who, in Thy cruel Passion didst become the "reproach of men and the Man of Sorrows," I worship Thy divine Face. Once it shone with the beauty and sweetness of the Divinity; but now, for my sake, it is become as "the face of a leper." Yet, in that disfigured Countenance, I recognize Thy infinite love, and I am consumed with the desire of making Thee loved by all mankind. The tears that flowed so abundantly from Thy Eyes are to me as precious pearls that I delight to gather, that with their worth I may ransom the souls of poor sinners. O Jesus, whose Face is the sole beauty that ravishes my heart, I may not see here below the sweetness of Thy glance, nor feel the ineffable tenderness of Thy kiss. I bow to Thy Will—but I pray Thee to imprint in me Thy divine likeness, and I implore Thee so to inflame me with Thy love, that it may quickly consume me, and that I may soon reach the vision of Thy glorious Face in heaven. Amen.

De Santa Teresita

"Tu Faz, Oh mi dulce Salvador, es el divino ramo de mirra que deseo mantener en mi corazón".

Plegaria a la Santa Faz
¡Oh Jesús, que en vuestra dolorosa pasión os convertisteis en oprobio de los hombres y en varón de dolores!, venero vuestro divino Rostro, sobre el cual brillaban la belleza y la dulzura de la divinidad, convertido ahora, por mí, como en el rostro de un leproso. Pero bajo esos rasgos desfigurados reconozco vuestro amor infinito y me consumo en deseos de amaros y de haceros amar de todos los hombres. Las lágrimas que brotaron tan abundantemente de vuestros ojos me parecen perlas preciosas, que deseo recoger para rescatar con su valor infinito a las almas de los pobres pecadores. ¡Oh, Faz adorable de Jesús, única hermosura que cautiva a mi corazón! dígnate imprimir en mi tu divina semejanza, para que no puedas mirar el alma de tu pequeña esposa sin contemplarte a ti mismo. ¡Oh, Amado mío!, por tu amor acepto no ver aquí abajo la dulzura de tu mirada y no sentir el inefable beso de tu boca; pero te suplico que me abrases en tu amor, para que me consuma rápidamente y pueda comparecer pronto ante tu presencia en el Cielo. Amen.

"Surely He has borne our griefs and carried our sorrows." (Is 53:4)

✤

"Pero fue él ciertamente quien soportó nuestros sufrimientos y cargó con nuestros dolores". (Is 53,4)

Prayer before a Crucifix

Look down upon me, good and gentle Jesus, while before Thy face I humbly kneel, and with burning soul I pray and beseech Thee to fix deep in my heart lively sentiments of faith, hope, and charity, true contrition for my sins, and a firm purpose of amendment; while I contemplate with great love and tender pity Thy five wounds, pondering over them within me, having in mind the words which David Thy prophet said of Thee, my Jesus: "They have pierced my hands and my feet; they have numbered all my bones."

For the intentions of the Holy Father: Our Father, Hail Mary, Glory Be.

A plenary indulgence is granted on any of the Fridays of Lent to the faithful who, after Communion, devoutly recite the above prayer before a crucifix.

Oración delante de un crucifijo

Mírame, oh mi amado y buen Jesús, postrado a los pies de tu Divina presencia. Te ruego y suplico, con grande fervor de mi alma, que te dignes grabar en mi corazón, sentimientos vivísimos de fe, esperanza y caridad, arrepentimiento sincero de mis pecados, y propósito firme de nunca más ofenderte, mientras que yo, con todo el amor y dolor de que soy capaz, considero y medito tus cinco llagas, teniendo en cuenta aquello que dijo de ti el santo Profeta David: "han taladrado mis manos y mis pies y se pueden contar todos mis huesos".

Por las intenciones del Santo Padre: Padre Nuestro, Ave María, Gloria.

Una indulgencia plenaria ha sido concedida en cualquier Viernes de Cuaresma, a los fieles que, después de la comunión, reciten devotamente la oración anterior delante de un crucifijo.

Act of Oblation to Merciful Love

"Draw me, we will run." (Song of Songs 1:4)

※

J.M.J.T.

Offering of Myself as a Victim of Holocaust to the Merciful Love of the Good God

O my God! Most Blessed Trinity, I desire to *Love* You and make You *Loved*, to work for the glory of Holy Church by saving souls on earth and liberating those suffering in purgatory. I desire to accomplish Your will perfectly and to reach the degree of glory You have prepared for me in Your Kingdom. I desire, in a word, to be a Saint, but I feel my helplessness and I beg You, O my God! to be Yourself my *Sanctity*!

Since You loved me so much as to give me Your only Son as my Savior and my Spouse, the infinite treasures of His merits are mine. I offer them to You with gladness, begging You to look upon me only in the Face of Jesus and in His Heart burning with *Love*.

I offer You, too, all the merits of the Saints (in Heaven and on earth), their acts of *Love*, and those of the Holy Angels. Finally, I offer You, *O Blessed Trinity!* the *Love* and merits of the *Blessed Virgin, my dear Mother*. It is to her I abandon my offering, begging her to present it to You.

Her Divine Son, my *Beloved* Spouse, told us in the days of His mortal life: *"Whatsoever you ask the Father in My name He will give it to you!"* I am certain, then, that You will grant my desires; I know, O my God! that *the more You want to give, the more You make us desire*. I feel in my heart immense desires and it is with confidence I ask You to come and take possession of my soul. Ah! I cannot receive Holy Communion as often as I desire, but, Lord, are You not *All-Powerful?* Remain in me as in a tabernacle and never separate Yourself from Your little victim.

I want to console You for the ingratitude of the wicked, and I beg of You to take away my freedom to displease You. If through weakness I sometimes fall, may Your *Divine Glance* cleanse my soul immediately, consuming all my imperfections like the fire that transforms everything into itself.

I thank You, O my God! for all the graces You have granted me, especially the grace of making me pass through the crucible of suffering. It is with joy I shall contemplate You on the Last Day carrying the scepter of Your Cross. Since You deigned to give me a share in this very precious Cross, I hope in Heaven to resemble You and to see shining in my glorified body the sacred stigmata of Your Passion.

After earth's Exile, I hope to go and enjoy You in the Fatherland, but I do not want to lay up merits for Heaven. I want to work for Your *Love alone* with the one purpose of pleasing You, consoling Your Sacred Heart, and saving souls who will love You eternally.

In the evening of this life, I shall appear before You with empty hands, for I do not ask You, Lord, to count my works. All our justice is stained in

Your eyes. I wish, then, to be clothed in your own *Justice* and to receive from Your *Love* the eternal possession of *Yourself*. I want no other *Throne*, no other *Crown* but *You*, my *Beloved!*

Time is nothing in Your eyes, and a single day is like a thousand years. You can, then, in one instant prepare me to appear before You.

In order to live in one single act of perfect Love, I OFFER MYSELF AS A VICTIM OF HOLOCAUST TO YOUR MERCIFUL LOVE, asking You to consume me incessantly, allowing the waves of *infinite tenderness* shut up within You to overflow into my soul, and that thus I may become a *Martyr* of Your *Love*, O my God!

May this martyrdom, after having prepared me to appear before You, finally cause me to die and may my soul take its flight without any delay into the eternal embrace of *Your Merciful Love.*

I want, O my *Beloved*, at each beat of my heart to renew this offering to You an infinite number of times, until the shadows having disappeared I may be able to tell You of my *Love* in an *Eternal Face to Face!*

Acto de Ofrenda al Amor Misericordioso

"¡Arrástranos tras de ti, corramos!"
(El Cantar de los Cantares 1,4)

✤

J.M.J.T.

Ofrenda de mí misma como víctima de holocausto al amor misericordioso de Dios

¡Oh, Dios mío, Trinidad Bienaventurada, deseo amaros y haceros amar, trabajar por la glorificación de la Santa Iglesia, salvando a las almas que están en la tierra y librando a las que sufren en el purgatorio! Deseo cumplir perfectamente vuestra voluntad y llegar al grado de gloria que me habéis preparado en vuestro reino. En una palabra, deseo ser santa, pero comprendo mi impotencia y os pido, ¡oh, Dios mío!, que vos mismo seáis mi santidad.

Puesto que me habéis amado, hasta darme a vuestro único Hijo para que fuese mi Salvador y mi Esposo, los tesoros infinitos de sus méritos son míos; os los ofrezco gustosa, suplicándoos que no me miréis sino a través de la Faz de Jesús y en su Corazón abrasado de *Amor*.

Os ofrezco también todos los méritos de los santos (los que están en el cielo y en la tierra), sus actos de *amor* y los de los Santos Ángeles. Por último, os ofrezco, *¡oh Bienaventurada Trinidad!*, el *amor* y los méritos de la *Santísima Virgen*, mi Madre *querida*; a ella le confío mi ofrenda, rogándole que os la presente. Su divino hijo, mi Esposo *amadísimo*, en los días de su vida mortal, nos dijo: «*Todo lo que pidiereis a mi Padre en mi nombre os lo concederá*». Estoy, pues, segura que escucharéis mis deseos; lo sé, ¡oh, Dios mío!, *cuanto más queréis dar, tanto más hacéis desear*. Siento en mi corazón deseos inmensos, y os pido confiadamente que vengáis a tomar posesión de mi alma. ¡Ah!, No puedo recibir la sagrada comunión con la frecuencia que deseo; pero, Señor, ¿no sois vos *Todopoderoso*? Permaneced en mí, como en el tabernáculo, no os alejéis nunca de vuestra pequeña hostia.

Quisiera consolaros por la ingratitud de los malos y os suplico que me quitéis la libertad de disgustaros; si por debilidad, caigo alguna vez, que vuestra *mirada divina* purifique en seguida mi alma, consumiendo todas mis imperfecciones, como el fuego, que todo lo transforma en sí...

Os doy gracias, ¡Oh, Dios mío!, por todos los favores que me habéis concedido, en particular por haberme hecho pasar por el crisol del sufrimiento. En el último día os contemplaré con alegría, llevando el cetro de la cruz. Puesto que os habéis dignado darme en lote esta cruz preciosa, espero parecerme a vos en el cielo y ver brillar sobre mi cuerpo glorificado las sagradas estigmas de vuestra Pasión;

Después del destierro de la tierra, espero ir a gozar de vos en la Patria, pero no quiero amontonar méritos para el Cielo, quiero trabajar *sólo* por vuestro *amor*, con el único fin de complaceros, de consolar vuestro Sagrado Corazón y salvar almas que os amen eternamente.

En la tarde de esta vida, compareceré delante de vos con las manos vacías, pues no os pido, Señor, que contéis mis obras. Todas nuestras justicias tienen manchas a vuestros ojos. Quiero, por eso, revestirme de vuestra propia *Justicia*, y recibir de vuestro *amor* la posesión eterna de *vos mismo*. No quiero otro *trono* y otra *corona* que a Vos, ¡oh *Amado* mío!

Nada es el tiempo a vuestros ojos. Un solo día es como mil años; podéis, pues, en un instante, prepararme a comparecer delante de vos... A fin de vivir en un acto de perfecto amor, YO ME OFREZCO COMO VÍCTIMA DE HOLOCAUSTO A VUESTRO AMOR MISERICORDIOSO, suplicándoos que me consumáis sin cesar, dejando que se desborden en mi alma, las olas de *ternura infinita* que están encerradas en vos, para que así llegue yo a ser *mártir* de vuestro *amor*, ¡oh, Dios mío!

Que este *martirio*, después de haberme preparado a comparecer delante de vos, me haga por fin morir, y que mi alma se lance sin demora al eterno abrazo de *vuestro misericordioso amor*.

Quiero, ¡oh, *Amado* mío!, renovaros esta ofrenda a cada latido de mi corazón, un número infinito de veces, hasta que habiéndose desvanecido las sombras ¡pueda yo *repetiros* mi amor en un *cara a cara* eterno!

A Note on Indulgences

An indulgence is a share in the infinite merits Christ gained for us and allows the Church, His Bride, to distribute on His behalf. Indulgences are plenary when all temporal punishment is wiped away and partial when some temporal punishment is wiped away. Whether plenary or partial, an indulgence may be gained for oneself or offered for a soul in purgatory.

To gain a plenary indulgence, that is, the remission of *all* temporal punishment due to one's sins, one must perform the act required for the indulgence and fulfill three conditions: sacramental confession (within 20 days), Holy Communion (on the day of the act, if possible), and prayer for the Holy Father's intentions (an Our Father and Hail Mary or other prayers). One sacramental confession suffices for several plenary indulgences, but each plenary indulgence requires its own

Communion and prayer for the Holy Father's intentions.

The final requirement to gain a plenary indulgence is detachment from all sin, even venial sin. This does not require the feeling of complete aversion to all sin, but rather a detachment in the will. The Act of Contrition expresses this in the words: "I detest all my sins because of Thy just punishment *but most of all because they offend Thee my God who art all good and deserving of all my love.*" Confident in God's mercy, one can also simply pray, "Dear Holy Spirit, if I am not detached from all sin, please make me detached now, so that I may gain this plenary indulgence that my Mother, the Church, offers to me, Her child."

These are the conditions, but the main effort one makes to gain a plenary indulgence is the performance of a particular action. While many plenary indulgences (and their required actions) are attached to specific days of the year—for instance, the plenary indulgence one can gain from reciting the Prayer before a Crucifix (as found in this booklet) after Communion on Fridays in

Lent—there are four plenary indulgences that can be gained every day of the year, though only one per day.

These are: (1) recitation of the Rosary in a church or family, religious community or pious association; (2) adoration of the Blessed Sacrament for half an hour; (3) reading Holy Scripture for half an hour; (4) making the Stations of the Cross in a church.

As the Catechism teaches, the Church grants indulgences, which are a share in the treasury of the merits of Christ and the Saints, not only to remit punishment, but also to encourage us in works of devotion, penance, and charity. May the angels assist us!

Una nota sobre las indulgencias

⁂

Las indulgencias son una participación en los méritos infinitos que Cristo ganó para nosotros, y permite a la Iglesia, Su Esposa, distribuirlas en su Nombre. Las indulgencias son plenarias, cuando todo el castigo temporal es perdonado y parcial, cuando parte del castigo temporal es perdonado. La indulgencia (plenaria o parcial) puede ser ganada para uno mismo, u ofrecida por un alma del purgatorio.

Para obtener una indulgencia plenaria, o sea, la remisión de *todos* los castigos temporales debidos al pecado personal, uno debe cumplir con el acto requerido para la indulgencia y con las siguientes tres condiciones: confesión sacramental (dentro de un periodo de 20 días), recibir la Santa Comunión (el día en que se hace la acción para ganar la indulgencia -si fuese posible), y rezar por las intenciones del Santo Padre (un Padre Nuestro y Ave María u otras oraciones). Una confesión sacramental es suficiente para varias indulgencias plenarias, pero cada indulgencia plenaria requiere su propia comunión y oraciones por las intenciones del Papa.

El requisito final para ganar una indulgencia plenaria es el desprendimiento del pecado, aun del pecado venial. Esto no requiere el sentimiento de total aversión al pecado, sino un desprendimiento de la voluntad. El acto de contrición expresa esto con las palabras: "detesto todos mis pecados, *porque ellos me han ganado tu justo castigo, pero especialmente porque mis pecados te ofenden a ti, mi Dios, que eres todo Bondad y merecedor de todo mi amor*". Confiado en la misericordia de Dios, uno puede simplemente rezar, "Querido Espíritu Santo, si no me he desprendido de todo pecado, por favor, despréndeme ahora, para que pueda ganar esta indulgencia plenaria que la Iglesia, mi Madre, me ofrece a mí, su hijo".

Estas son las condiciones, pero el esfuerzo principal que uno hace para ganar la indulgencia plenaria, es el hecho de una acción particular. Mientras que muchas indulgencias plenarias (y las acciones requeridas) están relacionadas a ciertos días del año, —por ejemplo, la indulgencia plenaria que uno puede ganar por rezar la oración delante del Crucifijo (que se encuentra en este librito) después de la comunión en los viernes de Cuaresma— existen cuatro indulgencias plenarias que se pueden ganar todos los días del año, aunque sólo una por día.

Estas son: (1) la recitación del Rosario en una Iglesia, o familia, comunidad religiosa o asociación piadosa; (2) adoración del Santísimo Sacramento durante media hora; (3) leer la Sagrada Escritura por media hora; (4) hacer las estaciones del Via Crucis en una Iglesia.

Como nos enseña el Catecismo, la Iglesia concede indulgencies, que son una participación del tesoro de los méritos de Cristo y de los santos, no sólo para la remisión del castigo, sino también para animarnos en las obras de devoción, penitencia y caridad. ¡Que los ángeles nos asistan!

A Note on Special Plenary Indulgences in the Time of Coronavirus

Decree of the Apostolic Penitentiary

The gift of special Indulgences is granted to the faithful suffering from COVID-19 disease, commonly known as Coronavirus, as well as to health care workers, family members and all those who in any capacity, including through prayer, care for them.

"Be joyful in hope, patient in affliction, faithful in prayer" (Rom 12: 12). The words written by Saint Paul to the Church of Rome resonate throughout the entire history of the Church and guide the judgment of the faithful in the face of all suffering, sickness and calamity.

The present moment in which the whole of humanity, threatened by an invisible and insidious disease, which for some time now has become part of all our lives, is marked day after day by anguished fears, new uncertainties and above all widespread physical and moral suffering.

The Church, following the example of her Divine Master, has always had the care of the sick at heart. As Saint John Paul II points out, the value of human suffering is twofold: "It is supernatural because it is rooted in the divine mystery of the Redemption of the world, and it is likewise deeply human, because in it the person discovers himself, his own humanity, his own dignity, his own mission" (*Apostolic Letter Salvifici Doloris*, 31).

Pope Francis, too, in these recent days, has shown his paternal closeness and renewed his invitation to pray incessantly for those who are sick with the Coronavirus.

So that all those who suffer because of COVID-19, precisely in the mystery of this suffering, may rediscover "the same redemptive suffering of Christ" (ibid., 30), this Apostolic Penitentiary, *ex auctoritate Summi Pontificis*, trusting in the word of Christ the Lord and considering with a spirit of faith the epidemic currently underway, to be lived in a spirit of personal conversion, grants the gift of Indulgences in accordance with the following disposition.

The *Plenary Indulgence* is granted to the faithful suffering from Coronavirus, who are subject to quarantine by order of the health authority in hospitals or in their own homes if, with a spirit detached from any sin, they unite spiritually through the media to the celebration of Holy Mass, the recitation of the Holy Rosary, to the pious practice of the Way of the Cross or other forms of devotion, or if at least they will recite the Creed, the Lord's Prayer and a pious invocation to the Blessed Virgin Mary, offering this trial in a spirit of faith in God and charity towards their brothers and sisters, with the will to fulfil the usual conditions (sacramental confession, Eucharistic communion and prayer according to the Holy Father's intentions), as soon as possible.

Health care workers, family members and all those who, following the example of the Good Samaritan, exposing themselves to the risk of contagion, care for the sick of Coronavirus according to the words of the divine Redeemer: "Greater love has no one than this: to lay down one's life for one's friends" (Jn 15: 13), will obtain the same gift of the *Plenary Indulgence* under the same conditions.

This Apostolic Penitentiary also willingly grants a *Plenary Indulgence* under the same conditions on the occasion of the current world epidemic, also to those faithful who offer a visit to the Blessed Sacrament, or Eucharistic adoration, or reading the Holy Scriptures for at least half an hour, or the recitation of the Holy Rosary, or the pious exercise of the Way of the Cross, or the recitation of the Chaplet of Divine Mercy, to implore from Almighty God the end of the epidemic, relief for those who are afflicted and eternal salvation for those whom the Lord has called to Himself.

The Church prays for those who find themselves unable to receive the Sacrament of the Anointing of the Sick and of the Viaticum, entrusting each and every one to divine Mercy by virtue of the communion of saints and granting the faithful a *Plenary Indulgence* on the point of death, provided that they are duly disposed and have recited a few prayers during their lifetime (in this case the Church makes up for the three usual conditions required). For the attainment of this indulgence the use of the crucifix or the cross is recommended (cf. *Enchiridion indulgentiarum*, no.12).

May the Blessed Virgin Mary, Mother of God and of the Church, Health of the Sick and Help of Christians, our Advocate, help suffering humanity, saving us from the evil of this pandemic and obtaining for us every good necessary for our salvation and sanctification.

The present Decree is valid notwithstanding any provision to the contrary.

Given in Rome, from the seat of the Apostolic Penitentiary, on 19 March 2020.

Mauro Cardinal Piacenza
Major Penitentiary
Krzysztof Nykiel

Una nota sobre las Indulgencias Plenarias especiales concedidas en el tiempo del Coronavirus

Decreto de la Penitenciaría Apostólica

Se concede el don de Indulgencias especiales a los fieles que sufren la enfermedad de Covid-19, comúnmente conocida como Coronavirus, así como a los trabajadores de la salud, a los familiares y a todos aquellos que, en cualquier calidad, los cuidan.

"Con la alegría de la esperanza; constantes en la tribulación; perseverantes en la oración" (Rom 12:12). Las palabras escritas por San Pablo a la Iglesia de Roma resuenan a lo largo de toda la historia de la Iglesia y orientan el juicio de los fieles ante cada sufrimiento, enfermedad y calamidad.

El momento actual que atraviesa la humanidad entera, amenazada por una enfermedad invisible e insidiosa, que desde hace tiempo ha entrado con prepotencia a formar parte de la vida de todos, está jalonado día tras día por angustiosos temores, nuevas incertidumbres y, sobre todo, por un sufrimiento físico y moral generalizado.

La Iglesia, siguiendo el ejemplo de su Divino Maestro, siempre se ha preocupado de cuidar a los enfermos. Como indicaba San Juan Pablo II, el valor del sufrimiento humano es doble: " Sobrenatural y a la vez humano. Es sobrenatural, porque se arraiga en el misterio divino de la redención del mundo, y es también profundamente humano, porque en él el hombre se encuentra a sí mismo, su propia humanidad, su propia dignidad y su propia misión." (*Carta Apostólica Salvifici Doloris*, 31).

También el Papa Francisco, en estos últimos días, ha manifestado su cercanía paternal y ha renovado su invitación a rezar incesantemente por los enfermos de Coronavirus.

Para que todos los que sufren a causa del Covid-19, precisamente en el misterio de este padecer, puedan redescubrir "el mismo sufrimiento redentor de Cristo" (ibíd., 30), *esta Penitenciaría Apostólica*, ex auctoritate Summi

Pontificis, confiando en la palabra de Cristo Señor y considerando con espíritu de fe la epidemia actualmente en curso, para vivirla con espíritu de conversión personal, concede el don de las Indulgencias de acuerdo con la siguiente disposición.

Se concede la Indulgencia plenaria a los fieles enfermos de Coronavirus, sujetos a cuarentena por orden de la autoridad sanitaria en los hospitales o en sus propias casas si, con espíritu desprendido de cualquier pecado, se unen espiritualmente a través de los medios de comunicación a la celebración de la Santa Misa, al rezo del Santo Rosario, o del himno Akàthistos a la Madre di Dios, a la práctica piadosa del Vía Crucis, o del Oficio de la Paràklisis a la Madre de Dios o a otras oraciones de las respectivas tradiciones orientales, u otras formas de devoción, o si al menos rezan el Credo, el Padrenuestro y una piadosa invocación a la Santísima Virgen María, ofreciendo esta prueba con espíritu de fe en Dios y de caridad hacia los hermanos, con la voluntad de cumplir las condiciones habituales (confesión sacramental, comunión eucarística y oración según las intenciones del Santo Padre), apenas les sea posible.

Los agentes sanitarios, los familiares y todos aquellos que, siguiendo el ejemplo del Buen Samaritano, exponiéndose al riesgo de contagio, cuidan de los enfermos de Coronavirus según las palabras del divino Redentor: "Nadie tiene mayor amor que éste: dar la vida por sus amigos" (Jn 15,13), obtendrán el mismo don de la Indulgencia Plenaria en las mismas condiciones.

Esta Penitenciaría Apostólica, además, concede de buen grado, en las mismas condiciones, la Indulgencia Plenaria con ocasión de la actual epidemia mundial, también a aquellos fieles que ofrezcan la visita al Santísimo Sacramento, o la Adoración Eucarística, o la lectura de la Sagrada Escritura durante al menos media hora, o el rezo del Santo Rosario, o del himno Akàthistos a la Madre di Dios, o el ejercicio piadoso del Vía Crucis, o el rezo de la corona de la Divina Misericordia, o el Oficio de la Paràklisis a la Madre de Dios u otras formas de las respectivas tradiciones orientales de pertenencia, para implorar a Dios Todopoderoso el fin de la epidemia, el alivio de los afligidos y la salvación eterna de los que el Señor ha llamado a sí.

La Iglesia reza por los que estén imposibilitado de recibir el sacramento de la Unción de los enfermos y el Viático, encomendando a todos y cada uno de ellos a la Divina Misericordia en virtud de la comunión de los santos y concede a los fieles la Indulgencia plenaria en punto de muerte siempre que estén debidamente dispuestos y hayan rezado durante su vida algunas oraciones (en este caso la Iglesia suple a las tres condiciones habituales requeridas). Para obtener esta indulgencia se recomienda el uso del crucifijo o de la cruz (cf. Enchiridion indulgentiarum, n.12).

Que la Santísima Virgen María, Madre de Dios y de la Iglesia, Salud de los Enfermos y Auxilio de los Cristianos, Abogada nuestra, socorra a la humanidad doliente, ahuyentando de nosotros el mal de esta pandemia y obteniendo todo bien necesario para nuestra salvación y santificación.

El presente decreto es válido independientemente de cualquier disposición en contrario.

Dado en Roma, desde la sede de la Penitenciaría Apostólica, el 19 de marzo de 2020.

Mauro Cardinal Piacenza
Penitenciario Mayor
Krzysztof Nykiel

Guardian Angel Prayer
(When Unable to Assist at Holy Mass)

Dear Guardian Angel, go for me to the church, there kneel down at Mass for me. At the Offertory, take me to God, and offer Him my service: What I am, what I have, offer as my gift. At the Consecration, with your seraphic strength, adore my Saviour truly present, praying for those who have loved me, for those who have offended me, and for those now deceased, that the blood of Jesus may purify them all. During Holy Communion, bring to me the Body and Blood of Jesus uniting Him with me in spirit, so that my heart may become His dwelling place. Plead with Him, that through His sacrifice all people throughout the world may be saved. When the Mass ends, bring home to me and to every home, the Lord's blessing. Amen.

Oración al Ángel de la Guarda
(Cuando no se puede asistir a la Santa Misa)

Querido Ángel de la Guarda, ve por mí a la Iglesia, allí, arrodíllate en la Misa por mí. En el ofertorio, llévame a Dios y ofrécele mi servicio: todo lo que soy, todo lo que tengo, ofrécelo como mi don. En la consagración, con tu poder y amor seráficos, adora a mi Salvador, verdaderamente presente, orando por aquellos que me han amado, por aquellos que me han ofendido y por aquellos que ya han muerto, para que la Sangre de Jesús les purifique a todos. Durante la comunión, tráeme el Cuerpo y la Sangre de Jesús, uniéndolo conmigo en espíritu, para que mi corazón se convierta en Su morada. Ruega para que, a través de Su sacrificio, toda la gente en el mundo entero, sea salvada. Cuando la Misa termine, trae a mi casa y a cada casa, la bendición del Señor. Amén.

"A few days after my Oblation to God's Merciful Love, I had commenced in the choir the Way of the Cross, when I felt myself suddenly wounded by a dart of fire so ardent that I thought I should die. I know not how to describe that transport; there is no comparison which would make the vehemence of that flame understood. It seemed as though an invisible force plunged me wholly into fire. Oh, that fire! What sweetness! One minute, one second more, and my soul must have been set free..."

—St. Thérèse (*Story of a Soul*)

"Few are the souls to receive this divine wound: those chiefly whose spirit and power are to be transmitted to their spiritual children: God bestows on the Founder such gifts and graces as shall be proportionate to the succession of the Order as the first-fruits of the Spirit."

—St. John of the Cross (*The Living Flame of Love*)

> *"Pocos días después de mi Oblación al Amor Misericordioso de Dios, había comenzado el Via Crucis en el Coro, cuando me sentí repentinamente herida por un dardo de fuego tan ardiente que pensé que moriría. No sé cómo describir ese transporte; no hay comparación que pueda hacer comprender la vehemencia de esa flama. Parecía como si una fuerza invisible me arrojase al fuego. ¡Oh, ese fuego! ¡Qué dulzura! Un minuto, un segundo más, y mi alma hubiese sido puesta en libertad..."*

—Santa Teresita (*Historia de un Alma*)

⁕

> *"Pocas almas llegan a tanto como esta llaga divina, más algunas han llegado, mayormente las de aquellos cuya virtud y espíritu se había de difundir en la sucesión de sus hijos, dando Dios la riqueza y valor a las cabezas en las primicias del espíritu, según la mayor o menor sucesión que había de tener su doctrina y espíritu".*

—San Juan de la Cruz (*La Llama de Amor Viva*)

Inquiries about discount pricing for
bulk orders of print copies of this book
may be addressed to the publisher at:
littlewaybooks@gmail.com

※

Para preguntas sobre descuentos en la
adquisición de órdenes al mayoreo de este
libro impreso, por favor diríjalas al publicista
en la siguiente dirección electrónica:
littlewaybooks@gmail.com

5 Easy Steps to a Happy Birthday!

A practical, funny guide to a Happy Birthday every single year!

Michèle Olson

First published by Lake Girl Publishing 2020
Copyright © 2020 by Michèle Olson

All rights reserved. No part of this publication may be reproduced, stored or transmitted in any form or by any means, electronic, mechanical, photocopying, recording, scanning, or otherwise without written permission from the publisher.
It is illegal to copy this book, post it to a website, or distribute it by any other means without permission.

Michèle Olson asserts the moral right to be identified as the author of this work.
Designations used by companies to distinguish their products are often claimed as trademarks. All brand names and product names used in this book and on its cover are trade names, service marks, trademarks and registered trademarks of their respective owners.
The publishers and the book are not associated with any product or vendor mentioned in this book. None of the companies referenced within the book have endorsed the book.

Scripture quotation taken from the Holy Bible, New International Version®, NIV®. Copyright © 1973, 1978, 1984 by Biblica, Inc.
Used by permission of Zondervan. All rights reserved worldwide.
www.zondervan.com